Material Para
Preparar Evangelistas

Por Jorge Carmona

Material Para Preparar Evangelistas

Por Jorge Carmona

Wayne Partain

1714 W. 25th Street

Odessa, TX 79763

waynepartain1@gmail.com

TABLA DE CONTENIDO

Prefacio   5

Clase #1 – El Papel del Evangelista   7

Clase #2 – ¿Quién es el Evangelista?   12

Clase #3 y 4 – Requisitos o Cualidades del Evangelista   18

Clase #5 y 6 – La Obra o Función del Evangelista   30

Clase #7 – El Sostenimiento Financiero del Evangelista   35

Clase #8 – ¿Cómo se Constituye un Evangelista en la Iglesia?   38

PREFACIO

Mi oración es que este sencillo material pueda ser útil para muchos hermanos que desean ser evangelistas en la iglesia, para los que ya están haciendo obra de evangelista, pero falta afinar algunas cosas y que sirva de guía para capacitar a otros.

Por mucho tiempo me dediqué a investigar sobre el papel del evangelista, porque veía la necesidad de tener obreros capacitados para este oficio, es por esa razón que decidí elaborar este material sintetizado, especialmente enfocado este oficio.

Agradezco a Dios por su palabra tan clara y sencilla para conocer lo relacionado sobre un evangelista y gracias a los hermanos de más experiencia Wayne Partain, Alberto Barrera, Ernesto López, Jesús Maldonado y Gary Copeland quienes me ayudaron a revisar este material y aportaron buenos comentarios.

Para cualquier información, preguntas o solicitud del material, diríjase a las direcciones dadas abajo.

Evangelista: Jorge Luis Carmona Rodas
Nanchital, Veracruz México
Correo electrónico: jlcarmona_rodas@hotmail.com
Facebook: Jl Carmona
Celular: (+52) 966 117 5376

EL PAPEL DEL EVANGELISTA
Clase #1

Introducción

Entendamos que las iglesias necesitan evangelistas **Hechos 11:19-24.** Por lo menos uno mientras se preparan otros. El evangelista es tan necesario en la iglesia porque es parte de la organización de la iglesia **Efesios 4:11** y porque tiene un ministerio que cumplir **2a Timoteo 4:5**.

Si usted desea ejercer este oficio, buena obra desea. Le invito a que pida a Dios a que le permita realizar este oficio y ponga todo de su parte para cumplir lo que se necesita, y que Dios todopoderoso le bendiga por esta buena decisión y labor que va a desempeñar.

Antes de iniciar el curso quiero que medite y responda algunas preguntas:

1. ¿Por qué quiero ser evangelista?

_____

_____

_____

2. ¿Estoy de acuerdo en asumir la responsabilidad que se adquiere?

_____

_____

_____

3. ¿Estoy dispuesto a poner todo de mi parte hasta lograrlo?

_____

_____

_____

4. ¿Estoy dispuesto a iniciar el oficio sin salario sino hubiera al principio?

_____

_____

_____

Respuestas apropiadas a las preguntas anteriores que le ayudarán a tener un enfoque mejor sobre el trabajo que quiere desempeñar.

1. ¿Por qué quiero ser evangelista?

Todo aquel que desee ser evangelista debe hacerlo por amor a la obra y para agradar a Dios, no por amor al dinero ni para buscar gloria de los hombres, tristemente muchos quieren ser evangelistas porque buscan un salario o la gloria de los hombres, pero no es el propósito correcto. Es verdad que el obrero es digno de su salario, pero no se debe hacer con ese propósito *2a Corintios 12:14-15. 1a Tesalonicenses 2:4-5*.

2. ¿Estoy de acuerdo en asumir la responsabilidad que se adquiere?

Se adquiere grande responsabilidad, tanto que la salvación de otros puede afectarse o beneficiarse de lo que enseñamos *1a Timoteo 4:16*. Debemos ser ejemplo de la grey *1a Timoteo 4:12*. Y de llevar a cabo todo nuestro ministerio *2a Timoteo 4:5*.

3. ¿Estoy dispuesto a poner todo de mi parte hasta lograrlo?

Para poder lograr este oficio es necesario poner todo de nuestra parte, en ocuparse en la lectura para conocer todo lo relacionado sobre un evangelista, pero también se requiere practicar todo lo que vamos a aprender sobre este oficio *2a Timoteo 2:4-7*.

4. ¿Estoy dispuesto a iniciar el oficio sino hubiera salario al principio?

Es necesario saber que en el principio de este oficio no es fácil conseguir salario para vivir del evangelio *1a Corintios 9:14*. Aun el apóstol Pablo dice que en el principio de su predicación solo una iglesia participó con él *Filipenses 4:15*. Así que tiene que iniciar este ministerio trabajando materialmente con la fe que Dios proveerá, sin poner de obstáculo que no se puede *1a Tesalonicenses 2:9. 1a Corintios 4:12. Hechos 18:1-3. Hechos 20:34.* Pablo que trabajó materialmente pudo hacer mucho más de lo que hace un evangelista actualmente con salario de tiempo completo. Así que si podemos ejercer este oficio y hacer mucho para la obra de Dios sin dejar de trabajar (Solo hay que buscar un trabajo que nos permita por las tardes estar libre para predicar) materialmente.

Si la iglesia local en donde usted va a trabajar u otras iglesias quieren participar dándole un poco de salario es bíblico *1a Timoteo 5:18*. Pero no debe ser un obstáculo si no hubiera salario al principio, se puede ser evangelista trabajando materialmente medio tiempo y medio tiempo a la obra del Señor. Claro que no es lo mismo, pero si se puede hacer mucho.

¿Estás dispuesto a continuar con el curso de acuerdo con estos pensamientos apropiados que están basados en las escrituras?

_____

_____

_____

¿QUIÉN ES EL EVANGELISTA?
Clase #2

A. El evangelista es una persona que forma parte de la organización de la iglesia y que el Señor mismo lo ha puesto para llevar a cabo su ministerio *Efesios 4:11.*

Es por eso por lo que ninguna iglesia debe negar y rechazar el establecer evangelistas en la iglesia local, porque el Señor mismo lo ha puesto con un propósito. Pero es necesario que todo aquél que quiera ejercer este oficio conozca todo lo relacionado sobre un evangelista conforme al modelo de las escrituras **2a Timoteo 4:5.**

B. El evangelista debe ser identificado con un término dado por Dios, porque este hace referencia al oficio que desempeña.

Veamos ejemplos sobre varios términos a las mismas personas.

✓ A los bautizados en Cristo Jesús se les conoce como:

- **Cristianos Hechos *11:26*.**
- **Santos 1a Corintios 1:2.**
- **Hijos de Dios Gálatas *3:26-27*.**

El término más usado para este oficio es el de **cristianos *1a Pedro 4:16*.**

✓ A la iglesia que Cristo edificó se le conoce también como:

- **Iglesia de Dios *1a Corintios 11:16*.**
- **Casa de Dios *1a Timoteo 3:15*.**
- *Iglesia de Cristo Romanos 16:16.*

El término más usado para identificar la pertenencia de la iglesia es **iglesia de Cristo *Romanos 16:16*.**

✓ Así mismo a la persona que ejerce este oficio que estamos estudiando, el nuevo testamento lo identifica con varios términos.

- **Ministro de Jesucristo.** – (ministro. Se dice de una persona que rinde servicio a otra, del Gr. Diakonos) *1a Timoteo 4:6*.
- **Obrero de Dios.** – (Obrero del Gr. Ergates Un trabajador de Dios) *2a Timoteo 2:15*.

- **Evangelista**. – Mensajero del bien. (del Griego, ewangelistes) De una palabra compuesta; (ew.-bien y ángeles,-mensajero) lit *Efesios 4:11*.

El término más usado para este oficio es el de evangelista *Hechos 21: 8*.

C. Evangelista y predicador no son diferentes oficios.

Muchos hoy en día al **evangelista** (Gr.ewangelistes) le llaman **predicador** (Gr.kerux) porque predica, pero notemos que no son dos personas distintas, sino que es uno solo el personaje. El punto principal es que el evangelista es un predicador porque predica el evangelio, es como cuando al cristiano se le llama "santo" porque es un apartado del mal. No significa que existen dos personajes en la biblia, un cristiano y un santo, así también sucede con el evangelista.

Algunos varones hoy en día han inventado otro oficio, dicen que no son **evangelistas** en la iglesia, pero si son **predicadores**, creyendo que hay dos oficios y dos personas diferentes. Esto surge porque ellos ayudan en predicar algunos sermones o clases en las reuniones de la iglesia. Pero se están poniendo un término (predicador) sin autoridad bíblica, imitando a las sectas religiosas que ahí tienen varios oficios como: "misioneros", "evangelistas", "predicadores", "pastores", "copastores", etc.

Ilustración: Una persona ayudaba esporádicamente a un maestro albañil, la pregunta es: ¿Solo por ayudar es albañil?

La palabra que se usa en *Efesios 4:11* para identificar a este personaje que es parte de la organización de la iglesia no se usa el termino de **predicador** (kerux) = heraldo, sino el termino de **evangelista** (ewangelistes)= mensajero de buenas nuevas.

La palabra **predicador** se encuentra en algunas ocasiones en el Nuevo testamento y se refieren a la persona de Pablo en relación con su ministerio en la predicación a los gentiles *1a Timoteo 2:7. 2a Timoteo 1:11.*

Entonces si no son evangelistas los hermanos que ayudan en predicar sermones o clases en las reuniones de la iglesia ¿Cómo se les debe identificar? No podemos poner un término que la biblia no autoriza sino simplemente respetar que son varones o hermanos que nos ayudan en predicar *Hechos 11:20*. Medite en la ilustración anterior.

Ahora todo aquel que llene las cualidades de un evangelista y quiera ejercer este oficio, el término más usado es **evangelista**.

Por ejemplo: La iglesia es identificada con varios términos, ejemplo: cuerpo de Cristo, iglesia de Dios o iglesia de Cristo *¿Pero por qué usamos más iglesia de Cristo?* Porque ***Romanos 16:16*** así lo identifica mejor haciendo referencia que la iglesia le pertenece a Cristo. Así mismo entendamos que en ***Efesios 4:11*** se usa el termino *evangelista* para identificar mejor este oficio.

1. ¿Por qué es necesario que alguien realice este oficio en la iglesia?

_____

_____

_____

2. ¿Con qué termino se identifica más este oficio?

_____

_____

_____

REQUISITOS O CUALIDADES DEL EVANGELISTA
Clase #3 y 4

A. Aunque para el evangelista no existe una lista de requisitos en orden como lo encontramos para los ancianos y diáconos, pero si existen algunas cosas que Dios demanda de ellos para poder cumplir con su ministerio, Por ejemplo:

1. Debe ser fiel *Hechos 16:1-3.*

Este es el principio del evangelista; quienes quieran prepararse para ejercer este ministerio, deben tener buen testimonio; Esto es algo que Pablo tomó muy en cuenta para llevar a Timoteo con él, al ministerio *2a Timoteo 2:2* fieles.

Fieles. pistos (πιστός, *G4103*), ... *pasivo, fiel, digno de confianza, fiable, fiel, dicho de Dios.*

Ejemplos de evangelistas fieles: Felipe *Hechos= 6:5; 21:8.* Bernabé *Hechos 11:24.* Esteban *Hechos 6:5.* Tito *2a Corintios 8:16-17. Tito 1:4.*

Normalmente se enfoca este requisito a la persona que quiere ejercer el ministerio de evangelista, porque puede ser un soltero, pero si el hermano se piensa casar o es casado, es preciso que tenga una hermana fiel por mujer, tomando este ejemplo **1a Corintios 9:5.** Porque muchas veces no se considera la conducta de la esposa la cual forma parte importante para este trabajo, mal representa mucho al evangelista cuando su esposa no es una hermana fiel (no se sujeta a su esposo, no asiste fielmente a las reuniones dela iglesia, conflictivas, etc.) a Dios.

2. Debe ser idóneo y apto para enseñar *2a Timoteo 2:2, 24.*

Muchas veces la causa del porque la iglesia no se edifica y no crece en el conocimiento, es porque el evangelista no es apto (didáctico) para enseñar. Recuerde que el trabajo del evangelista es edificar **Efesios 4:11-14** para que la iglesia crezca en el conocimiento y gane almas para Cristo.

*Idóneos. jikanos (ἱκανός, G2425), primariamente que alcanza a; tiene el sentido de «suficiente». Se traduce «idóneos para enseñar» en **2 Ti. 2:2**; véanse COMPETENTE, DIGNO, FIANZA, GRANDE, MUCHO, SUFICIENTE.*

Apto: didaktikos (διδακτικός, *G1317*), *adiestrado en la enseñanza (relacionado con didasko, dar instrucción; y de allí en castellano la palabra didáctico), se traduce como «apto para enseñar» en* **1 Ti. 3:2; 2 Ti. 2:24.**

Tenemos un gran ejemplo en Apolos un varón elocuente y poderoso en las escrituras, alguien que debemos imitar no solo por la capacidad en enseñar, sino también en la actitud de dejarse enseñar por otros de más experiencia **Hechos 18:24-26.** Porque luego hay obreros que tienen una mala actitud con respecto a no dejarse enseñar por otros, Muchos creen que ya lo saben todo y por eso detienen su crecimiento en dicho requisito. Y esto causa mucho daño a la iglesia porque no recibe su crecimiento en el conocimiento del Hijo de Dios según **Efesios 4:13-14.**

Para afinar nuestra competencia y logar ser didácticos en la enseñanza existen artes (homilética y oratoria) que nos ayudan a mejorar esa capacidad que se requiere.

3. Debe usar bien la palabra de verdad *2a Timoteo 2:15*.

Es importante usar bien (trazar, enseñar correctamente) la palabra de verdad, para ser aprobado por Dios y para poder guiar a la salvación las personas que nos escuchen. Porque depende mucho la salvación de otros según lo que enseñamos, por eso conviene trazar bien las escrituras, para salvarnos y salvar a otros *1a Timoteo 4:16.*

Usar bien: orthotomeo (ὀρθοτομέω, G3718), cortar recto, como en el trazado de carreteras (orthos, recto; temno, cortar). Se emplea metafóricamente en 2Ti_2:15 (RV: «que traza bien la palabra de verdad»; RVR: «que usa bien»). El énfasis recae en orthos ; la Palabra de Dios tiene que ser empleada de manera estricta siguiendo las líneas de su enseñanza. Si la metáfora es sacada de la acción de arar, de abrir un surco recto, la palabra expresa entonces un cuidadoso cultivo, considerándose la Palabra de Dios como un terreno dispuesto para dar los mejores resultados basado en su ministerio y en la vida.

Para poder usar bien las escrituras necesitamos...

1. Escudriñar mucho las escrituras *2a Timoteo 3:14-16.* Para conocerla bien.
2. Aprender a interpretar (hay artes como la *hermenéutica, etc.) 1a Timoteo 4:13.*

3. Conseguir herramientas (comentarios, diccionarios, gramática, etc.) *2 Timoteo 4:13.*

4. Debe ser retenedor (conservador) de la doctrina *Tito 1:9.*

Esta cualidad también es muy importante en el evangelista, ser conservador o retenedor de la doctrina del Señor *1a Timoteo 4:6, 16. 2a Timoteo 3:10. 2a Timoteo 4:2.*

Retenedor: *antecomai* (ἀντέχομαι, *G472*), *véase ESTIMAR, A, No 1. Se traduce «retenedor de la palabra fiel»* (**Tit. 1:9**). *Véase también SOSTENER.*

Para poder ser conservador sencillamente hay que conformarse (no ir más allá de lo que está escrito) con la sana doctrina **1a** *Timoteo 6:3-5. Tito 2:1. 1a Pedro 4:11.*

Por no tener esta cualidad, muchos evangelistas actualmente están innovando y cada vez sacando enseñanzas nuevas que son justificadas en textos fuera de contexto o en argumentos fuera de lo que está escrito.

Recuerde la salvación depende mucho de lo que enseñamos *1a Timoteo 4:16.*

5. Debe ser amable para con todos 2a Timoteo 2:24-26.

El siervo del Señor no debe ser contencioso, es lo opuesto de ser amable. Por esa razón se necesita tener esta cualidad, ser amable para con todos.

Amable: epios (ἤπιος, G2261), *manso, gentil. Era una palabra frecuentemente usada por los escritores griegos para caracterizar a una nodriza con niños difíciles, o a un maestro con alumnos poco aplicados, o a padres hacia sus hijos. En 1Ts_2:7, el apóstol la usa de su propia conducta y de la de sus compañeros de misión hacia los conversos en Tesalónica (cf. 2Co_11:13, 2Co_11:20); en 2Ti_2:24, de la conducta requerida de un siervo del Señor. Véase TIERNO*

Nos conviene imitar al Maestro sobre este carácter que es bien necesario para los evangelistas, el ser amable *Mateo 11:29.*

El apóstol pablo en su ministerio, mostraba esta actitud *1a Tesalonicenses 2:7-8.* Por esa razón hay que evitar las contiendas carnales y sin provecho, todas aquellas contiendas que no edifican sino al contrario es perdición para los oyentes *2a Timoteo 2:23*.

6. Debe ser sufrido *2a Timoteo 2:24*.

Todo aquél que no aprende este requisito, siempre se la va pasar quejándose de muchas cosas, porque en este oficio se sufre y mucho.

Sufrido: anexikakos (ανεξίκακος, G420), denota el paciente sobrellevar del mal, lit., «paciente de lo malo», (de aneco, soportar, sufrir, y kakos, mal): «sufrido» (2Ti_2:24)

Tienes que saber que en este trabajo vendrá muchos males, y esto es porque hay una gran lucha contra el enemigo que no quiere que las almas se salven, es por eso por lo que como requisito debe usted aprender a soportar el sufrimiento como buen soldado de Jesucristo *2 Timoteo 2:3*. Se va a sufrir por causa del evangelio *2a Timoteo 1:8*. Pero recuerde que sufrir por causa de Cristo es el honor más grande *Hechos 5:41*. Vale la pena cargar (soportar) con esa cruz *Mateo 16:24*. Sin la cruz no hay triunfo *Colosenses 2:15*.

7. Debe tener denuedo *1a Tesalonicenses 2:2.*

Es necesario que el evangelista tenga denuedo (valor) para poder presentar el evangelio aun en medio de la oposición. Porque los oponentes siempre tratan de intimidar, por eso se necesita tener valor (denuedo) para hablar sin miedo el evangelio ***Filipenses 1:28.***

*Denuedo: parresiazomai (παῤῥησιάζομαι, G3955), hablar abiertamente, o valerosamente. Tiene primariamente referencia al habla (véase A), pero adquirió el significado de ser valeroso, de actuar con confianza o denuedo (**1Ts_2:2**: «tuvimos denuedo»; **Hch_13:46** : «hablando con denuedo», el participio aoristo aquí significa «tomando confianza»; **Hch_9:27** : «había hablado valerosamente»; v. **29**: «hablaba denodadamente», véanse también **18:26; 19:8; en 26:26**: «con toda confianza»); «denuedo» en **Hch_13:3**. Véanse CONFIANZA, HABLAR, VALEROSAMENTE.*

Es por eso que se le animó a Timoteo a no tener cobardía o timidez ***2a Timoteo 1:7.***

Pidamos a Dios que nos ayude a tener ese valor para hablar con toda confianza el evangelio aun en medio de la oposición ***Hechos 4:24-31.*** Enseñemos a la iglesia que nos ayuden orando a Dios, para tener denuedo *Efesios 6:18-19*.

8. Debe ser ejemplo *1a Timoteo 4:12*

Es bien necesario que el evangelista practique lo que predica, porque debe ser ejemplo de los creyentes.

Ejemplo: tupos (τύπος, G5179), ... *(e) ejemplo, pauta (Hch_7:44; Heb_8:5 : «modelo»); en un sentido ético (1Co_10:6; Fil_3:17; 1Ts_1:7; 2Ts_3:9; 1Ti_4:12; Tit_2:7; 1Pe_5:3: «ejemplo» en todos ellos); en un sentido doctrinal, un tipo (Rom_5:14 : «figura»). Véanse FIGURA, FORMA, LUGAR, MODELO, SEÑAL.*

El evangelista debe ser el ejemplo en todo *Tito 2:7-8*.

Para ser un buen ejemplo no significa que no va a pecar en lo absoluto **1a Juan 1:8-10** eso es imposible, lamentablemente hay descuidos. Pero si es alguien que reconoce y se arrepiente de su falta y continúa haciendo su trabajo.

Tenemos el ejemplo del apóstol Pedro que tuvo descuidos en su ministerio, pero eso no impidió continuar su trabajo porque reconocía y se arrepentía de su pecado, Así que nadie se debe sorprender si el evangelista tiene descuidos en su vida, debe saber que Dios le puede perdonar si se arrepiente de corazón y continua en fidelidad, Dios es el juez **Mateo 26:69-75. Gálatas 2:11-14.**

9. Debe ser imparcial *1a Timoteo 5:20.*

El que quiera ser evangelista debe ser imparcial, es decir no debe tener preferencia sobre unos o favoritos. Porque luego por tener preferencia no va a aplicar la corrección de una manera justa. El tener favoritos a causado mucho problema entre hermanos.

Parcialidad: prosklisis (πρόσκλισις, G4346), denota inclinación (pros, hacia; klino, inclinar). Se utiliza con kata en 1Ti_5:21, lit., «según parcialidad», «con parcialidad» (RVR; RV: «inclinándote a la una parte»; Besson: «por inclinación»; LBA: «con espíritu de parcialidad»).

No se deje llevar por los sentimientos, porque es una causa por el cual uno se inclina a la familia, a los hermanos más cercanos. Y ahí es el problema que nos les aplicamos la misma corrección.

10. Debe conocer su ministerio (obra o servicio) *2a Timoteo 4:5.*

Es muy importante que la persona que quiera ser evangelista conozca la obra que le corresponde hacer como evangelista. Por dos razones:

Primero; En ocasiones encontramos que la iglesia tiene al evangelista en un lugar que no le corresponde, esto repercute en que la iglesia se hace dependiente del evangelista y no de Dios.

Segundo; Encontramos al evangelista realizando labores y funciones que no le corresponde y descuidando lo que en realidad debería hacer; esto se debe a que muchas veces se ignora en que consiste su trabajo.

En la clase siguiente veremos sobre la obra del evangelista, ya que es necesario conocerlo.

¿Con cuál de estas cualidades se identifica usted? solo ponga los números.

_____

_____

_____

¿Cuál de estas cualidades considera que le hace falta? Solo ponga los números.

_____

_____

_____

Si hay requisitos que aún le hace falta, para eso estamos en el proceso de preparación, para que pueda echar mano a los requisitos que le falta.

Después de este curso le invitamos a estudiar los artes (homilética, hermenéutica y oratoria) que nos ayudarán afinar la competencia que necesitamos.

LA OBRA O FUNCIÓN DEL EVANGELISTA

Clase #5 y 6

Es bien importante saber cuál es el ministerio (obra o función) de un evangelista para que pueda dedicar su esfuerzo, trabajo y dedicación en su oficio *2a Timoteo 4: 5*. La obra del evangelista se clasifica en dos áreas.

I. LA EDIFICACION A LA IGLESIA.

Es importante saber que el evangelista forma parte de los obreros que el Señor mismo constituyó en *Efesios 4:11-14* para la edificación de la iglesia, Así la iglesia se va a desarrollar en todos los aspectos. Es por eso por lo que el evangelista debe...

A. Predicar 2a *Timoteo 4:1-2*. El predicar la palabra, incluye:

1. **Enseñar 1a *Timoteo 4:13*.** La enseñanza imparte conocimiento de la verdad, es

por eso que se debe enseñar todo el consejo de Dios *1a Timoteo 4:6.*

2. **Exhortar** *1a Timoteo 4:13. Hechos 11:22-23.* La exhortación imparte ánimo para la buena conducta.

3. **Amonestar 1a Tesalonicenses 5:14.** La amonestación imparte reprensión a una persona por un error o una falta que ha cometido, para que no la vuelva a cometer.

4. **Mandar** *1a Timoteo 1:3.* Mandar a los falsos maestros que no enseñen diferente doctrina, porque lamentablemente de vosotros mismos se levantarán hombres que hablarán cosas perversas doctrinalmente hablando **Hechos 20:30**, el evangelista tiene cierta autoridad de parte de Dios (Por las escrituras) para corregir *Tito 2:15*. "con toda autoridad" *Gr. EPISTASO.*

5. **Desechar** *Tito 3:10.* Desechar tiene como propósito evitar la comunión o no asociarse con alguien que después de amonestarlo no se corrige *1a Corintios 5:11-13*. Este proceso no lo hace solo el evangelista sino en acuerdo con la iglesia.

B. Preparar más obreros *2a Timoteo 2:2.*

1. Muchos evangelistas descuidan esta área de su trabajo, no entrenando más obreros, luego cuando se van o mueren, la iglesia sufre. Enseñamos que las escuelas de predicadores no son autorizadas, pero no enseñamos cual es el modelo para preparar obreros. En los ejemplos vemos que de la iglesia salían los evangelistas *Hechos 11:22*, es por eso que Pablo encargo a Timoteo esta labor de preparar más obreros del Señor.

2. Espero que este sencillo material sea básico para entrenar a otros teóricamente, usted puede usar con toda libertad este material para capacitar a otros.

C. Establecer ancianos *Tito 1: 5.*

1. Las cartas de Timoteo y Tito son cartas personales a evangelistas quienes son responsables de corregir lo deficiente estableciendo ancianos para completar la organización de la iglesia, este proceso se hace con la decisión de la iglesia, eligiendo varones calificados. Ya que los ancianos también harán un buen trabajo en

la iglesia *1a Timoteo 3:1-7*. *Hechos 14:19-23*.

II. LA EVANGELIZACIÓN A LAS ALMAS PERDIDAS.

El evangelista forma parte fundamental en la edificación de la iglesia como podemos leer en **Efesios 4:11 y 12**, pero también otra área de su función es evangelizar a las almas sin Cristo, el cual incluye:

A. Disposición de predicar públicamente y por las casas.

Hechos 18:24-28. Hechos 20:19-21. Hechos 5:42, El predicar la palabra aquí también incluye participar en el establecimiento de iglesias locales, ver los siguientes ejemplos:

1. Felipe participando en el establecimiento de iglesias en Samaria *Hechos 8:5-12*. Posteriormente se mencionan iglesias en Samaria en las cuales indudablemente Felipe participó *Hechos 9:31*.

2. Unos varones de Chipre y de Cirene, Bernabé y Saulo, participaron en el establecimiento de la iglesia en Antioquia *Hechos 11:19-26*. Ya en el capítulo

13:1-2, vemos la iglesia muy equipada y organizada, varios hombres "ministrando" verso *2.*

B. La obra no fácil, donde se requiere que el evangelista muestre verdadero carácter.

1. **1. Discutir *Hechos 17:2-4, 17.* En el sentido de presentar argumentos para defender o debatir ciertos temas en contra de la verdad *Judas 1:3. Filipenses 1:17.***

Hacerlo con la actitud apropiada según la voluntad de Dios **1a Pedro 3:15. 2a Timoteo 2:24-26**

La pregunta es: ¿Está usted dispuesto a cumplir con la obra de evangelista?

_____

_____

_____

EL SOSTENIMIENTO FINANCIERO
DEL EVANGELISTA
Clase #7

A. El evangelista que trabaja en las cosas sagradas tiene derecho vivir del evangelio. 1a Corintios 9:9-14.

1. Así que las ofrendas de la iglesia local o de otras iglesias pueden invertir en el sostenimiento de un evangelista que funcionará en dos áreas muy importantes de la obra de la iglesia que son edificación y evangelización. Ejemplos de iglesias invirtiendo en obreros del Señor: **Filipenses 4:14-18. 2a Corintios 11:8.**

El evangelista debe estar consiente que no siempre es fácil conseguir el salario para dedicarse a tiempo completo, así que necesitamos aprender como el apóstol Pablo, que en ocasiones tenía que trabajar con sus manos materialmente para ayudarse **1a Tesalonicenses 2:9** y cuando la iglesia local u otras iglesias cubrían sus gastos vemos a Pablo trabajando por entero en la predicación **Hechos 18:5**.

2. Debemos enseñar a hermanos que de forma individual también pueden participar en el sostenimiento de un evangelista, como el ejemplo de unas mujeres que servían a Jesús con sus bienes **Lucas 8:1-3**.

Estos son los medios autorizados por Dios para que un evangelista sea sostenido financieramente, que una iglesia local u otras participen de manera directa y hermanos de forma individual contribuyan. No es permitido que aceptemos dinero de una centralización de fondos, como ahora se está manejando en iglesias que aceptaron la centralización de sus ofrendas para llevar a cabo la obra de la iglesia, aunque sea muy tentador la oferta, nosotros que estamos comprometidos en conservar sana doctrina, no debemos tener comunión con tales prácticas.

¿Estás dispuesto a trabajar materialmente y en la viña del Señor si no se pudieras conseguir salario suficiente para dedicarse a tiempo completo?

_____

_____

_____

¿CÓMO SE CONSTITUYE
UN EVANGELISTA EN LA IGLESIA?
Clase #8

A. Esta clase lo he agregado porque después que muchos hermanos han recibido el material, muchos preguntan y ¿cuál es modelo para constituir un evangelista en la iglesia? Así que por esa razón me ha parecido muy necesario agregar esta información que con mucho cuidado vamos a analizar.

B. Aunque no hay un proceso explicito, podemos tomar principios bíblicos que nos ayudan para establecer y elegir un evangelista.

1. El apóstol Pablo dejó a Tito en la región de creta para corregir lo deficiente y establecer ancianos en cada ciudad, esto se infiere que Tito debería enseñar primeramente los requisitos y la función que los ancianos debe desempeñar, y con esa autoridad bíblica, Cristo sigue constituyendo ancianos **Tito 1:5**, **Efesios 4:11**, **Hechos 14:23**.

2. Los apóstoles en **Hechos 6:1-6** tomaron en cuenta a la iglesia, que ellos eligieran a los varones encargados de servir a las mesas, pero nótese que primero tuvieron que enseñarles los requisitos o cualidades que deben tener para poder hacer una elección correcta.

3. De estos principios podemos nosotros aprender que Cristo sigue constituyendo evangelistas por medio de palabra que es enseñada a la iglesia, en donde se enseña el papel del evangelista y la iglesia elige a los varones calificados. Lamentablemente hay muchos hermanos que se dicen ser evangelistas autonombrados sin llenar los requisitos, sin saber cuál es su función y sin tomar en cuenta a la iglesia. Recuerde que ni los apóstoles que tenían autoridad hicieron a un lado la participación de la iglesia **Hechos 6:2, 5** y mucho menos las cualidades que el evangelista debe tener.

Made in the USA
Columbia, SC
25 November 2023